शिक्षकों के लिए उपस्थिति लॉग बुक

लॉग बुक विवरण:

लॉग प्रारंभ दिनांक:..

लॉग बुक संख्या: ....

व्यक्तिगत विवरण:

नाम: ....

पता: ....

....

मेल पता: ....

मोबाइल नंबर: ....

कार्यालय का पता: ....

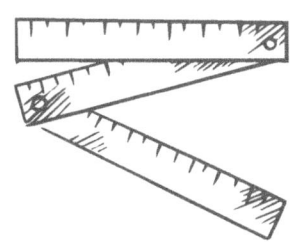

शुरुआती अवधि: .... समाप्ति अवधि: ....

महीना और साल:

विषय:

अनुभाग:

कार्य:

		दिन / तारीख	सप्ताह					सप्ताह				
			S	M	B	G	S	S	M	B	G	S
छात्र के नाम:	टिप्पणियाँ											
१												
२												
३												
४												
५												
६												
७												
८												
९												
१०												
११												
१२												
१३												
१४												
१५												
१६												
१७												
१८												
१९												
२०												
२१												
२२												
२३												
२४												
२५												
२६												
२७												
२८												
२९												
३०												
३१												
३२												
३३												
३४												
३५												
३६												
३७												

टिप्पणियाँ

शुरुआती अवधि: .... समाप्ति अवधि: ....

महीना और साल:

विषय:

अनुभाग:

कार्य:

		सप्ताह					सप्ताह				
	दिन	S	M	B	G	S	S	M	B	G	S
छात्र के नाम:	टिप्पणियाँ तारीख										
१											
२											
३											
४											
५											
६											
७											
८											
९											
१०											
११											
१२											
१३											
१४											
१५											
१६											
१७											
१८											
१९											
२०											
२१											
२२											
२३											
२४											
२५											
२६											
२७											
२८											
२९											
३०											
३१											
३२											
३३											
३४											
३५											
३६											
३७											

टिप्पणियाँ

शुरुआती अवधि: .... समाप्ति अवधि: ....

महीना और साल:		कार्य:	सप्ताह					सप्ताह				
विषय:												
अनुभाग:												
		दिन	S	M	B	G	S	S	M	B	G	S
छात्र के नाम:	टिप्पणियाँ	तारीख										
१												
२												
३												
४												
५												
६												
७												
८												
९												
१०												
११												
१२												
१३												
१४												
१५												
१६												
१७												
१८												
१९												
२०												
२१												
२२												
२३												
२४												
२५												
२६												
२७												
२८												
२९												
३०												
३१												
३२												
३३												
३४												
३५												
३६												
३७												

टिप्पणियाँ

शुरुआती अवधि: .... समाप्ति अवधि: ....

महीना और साल:

विषय:

अनुभाग:

कार्य:

छात्र के नाम:	टिप्पणियाँ	सप्ताह					सप्ताह				
	दिन	S	M	B	G	S	S	M	B	G	S
	तारीख										
१											
२											
३											
४											
५											
६											
७											
८											
९											
१०											
११											
१२											
१३											
१४											
१५											
१६											
१७											
१८											
१९											
२०											
२१											
२२											
२३											
२४											
२५											
२६											
२७											
२८											
२९											
३०											
३१											
३२											
३३											
३४											
३५											
३६											
३७											

टिप्पणियाँ

शुरुआती अवधि: .... समाप्ति अवधि: ....

महीना और साल:		कार्य:	सप्ताह					सप्ताह					
विषय:													
अनुभाग:													
		दिन	S	M	B	G	S	S	M	B	G	S
छात्र के नाम:	टिप्पणियाँ	तारीख										
१												
२												
३												
४												
५												
६												
७												
८												
९												
१०												
११												
१२												
१३												
१४												
१५												
१६												
१७												
१८												
१९												
२०												
२१												
२२												
२३												
२४												
२५												
२६												
२७												
२८												
२९												
३०												
३१												
३२												
३३												
३४												
३५												
३६												
३७												

टिप्पणियाँ

शुरुआती अवधि: .... समाप्ति अवधि: ....

महीना और साल:

विषय:

अनुभाग:

कार्य:

		सप्ताह					सप्ताह				
	दिन	S	M	B	G	S	S	M	B	G	S
	तारीख										
छात्र के नाम:	टिप्पणियाँ										
१											
२											
३											
४											
५											
६											
७											
८											
९											
१०											
११											
१२											
१३											
१४											
१५											
१६											
१७											
१८											
१९											
२०											
२१											
२२											
२३											
२४											
२५											
२६											
२७											
२८											
२९											
३०											
३१											
३२											
३३											
३४											
३५											
३६											
३७											

टिप्पणियाँ

शुरुआती अवधि: .... समाप्ति अवधि: ....

		कार्य:	सप्ताह					सप्ताह				
महीना और साल:												
विषय:												
अनुभाग:												
		दिन	S	M	B	G	S	S	M	B	G	S
छात्र के नाम:	टिप्पणियाँ	तारीख										
१												
२												
३												
४												
५												
६												
७												
८												
९												
१०												
११												
१२												
१३												
१४												
१५												
१६												
१७												
१८												
१९												
२०												
२१												
२२												
२३												
२४												
२५												
२६												
२७												
२८												
२९												
३०												
३१												
३२												
३३												
३४												
३५												
३६												
३७												

टिप्पणियाँ

शुरुआती अवधि: .... समाप्ति अवधि: ....

महीना और साल:	कार्य:	सप्ताह					सप्ताह				
विषय:											
अनुभाग:											
	दिन	S	M	B	G	S	S	M	B	G	S

छात्र के नाम:	टिप्पणियाँ	तारीख									
१											
२											
३											
४											
५											
६											
७											
८											
९											
१०											
११											
१२											
१३											
१४											
१५											
१६											
१७											
१८											
१९											
२०											
२१											
२२											
२३											
२४											
२५											
२६											
२७											
२८											
२९											
३०											
३१											
३२											
३३											
३४											
३५											
३६											
३७											

टिप्पणियाँ

शुरुआती अवधि: .... समाप्ति अवधि: ....

महीना और साल:

विषय:

अनुभाग:

कार्य:

सप्ताह | सप्ताह

		दिन / तारीख									
छात्र के नाम:	टिप्पणियाँ	S	M	B	G	S	S	M	B	G	S
१											
२											
३											
४											
५											
६											
७											
८											
९											
१०											
११											
१२											
१३											
१४											
१५											
१६											
१७											
१८											
१९											
२०											
२१											
२२											
२३											
२४											
२५											
२६											
२७											
२८											
२९											
३०											
३१											
३२											
३३											
३४											
३५											
३६											
३७											

टिप्पणियाँ

शुरुआती अवधि: .... समाप्ति अवधि: ....

महीना और साल:

विषय:

अनुभाग:

कार्य:

छात्र के नाम:	टिप्पणियाँ	सप्ताह					सप्ताह				
	दिन	S	M	B	G	S	S	M	B	G	S
	तारीख										
१											
२											
३											
४											
५											
६											
७											
८											
९											
१०											
११											
१२											
१३											
१४											
१५											
१६											
१७											
१८											
१९											
२०											
२१											
२२											
२३											
२४											
२५											
२६											
२७											
२८											
२९											
३०											
३१											
३२											
३३											
३४											
३५											
३६											
३७											

टिप्पणियाँ

शुरुआती अवधि: .... समाप्ति अवधि: ....

महीना और साल:		कार्य:	सप्ताह					सप्ताह				
विषय:												
अनुभाग:												
		दिन	S	M	B	G	S	S	M	B	G	S
छात्र के नाम:	टिप्पणियाँ	तारीख										
१												
२												
३												
४												
५												
६												
७												
८												
९												
१०												
११												
१२												
१३												
१४												
१५												
१६												
१७												
१८												
१९												
२०												
२१												
२२												
२३												
२४												
२५												
२६												
२७												
२८												
२९												
३०												
३१												
३२												
३३												
३४												
३५												
३६												
३७												

टिप्पणियाँ

शुरुआती अवधि: .... समाप्ति अवधि: ....

महीना और साल:

विषय:

अनुभाग:

कार्य:

		सप्ताह					सप्ताह				
	दिन	S	M	B	G	S	S	M	B	G	S
छात्र के नाम:	टिप्पणियाँ तारीख										
१											
२											
३											
४											
५											
६											
७											
८											
९											
१०											
११											
१२											
१३											
१४											
१५											
१६											
१७											
१८											
१९											
२०											
२१											
२२											
२३											
२४											
२५											
२६											
२७											
२८											
२९											
३०											
३१											
३२											
३३											
३४											
३५											
३६											
३७											

टिप्पणियाँ

शुरुआती अवधि: .... समाप्ति अवधि: ....

महीना और साल:

विषय:

अनुभाग:

कार्य:

सप्ताह | सप्ताह

दिन
तारीख

छात्र के नाम:	टिप्पणियाँ	S	M	B	G	S	S	M	B	G	S
१											
२											
३											
४											
५											
६											
७											
८											
९											
१०											
११											
१२											
१३											
१४											
१५											
१६											
१७											
१८											
१९											
२०											
२१											
२२											
२३											
२४											
२५											
२६											
२७											
२८											
२९											
३०											
३१											
३२											
३३											
३४											
३५											
३६											
३७											

टिप्पणियाँ

शुरुआती अवधि: .... समाप्ति अवधि: ....

महीना और साल:

विषय:

अनुभाग:

कार्य:

		सप्ताह					सप्ताह				
	दिन	S	M	B	G	S	S	M	B	G	S
छात्र के नाम:	टिप्पणियाँ / तारीख										
१											
२											
३											
४											
५											
६											
७											
८											
९											
१०											
११											
१२											
१३											
१४											
१५											
१६											
१७											
१८											
१९											
२०											
२१											
२२											
२३											
२४											
२५											
२६											
२७											
२८											
२९											
३०											
३१											
३२											
३३											
३४											
३५											
३६											
३७											

टिप्पणियाँ

शुरुआती अवधि: .... समाप्ति अवधि: ....

महीना और साल:

विषय:

अनुभाग:

कार्य:

		सप्ताह					सप्ताह				
	दिन	S	M	B	G	S	S	M	B	G	S
छात्र के नाम:	टिप्पणियाँ तारीख										
१											
२											
३											
४											
५											
६											
७											
८											
९											
१०											
११											
१२											
१३											
१४											
१५											
१६											
१७											
१८											
१९											
२०											
२१											
२२											
२३											
२४											
२५											
२६											
२७											
२८											
२९											
३०											
३१											
३२											
३३											
३४											
३५											
३६											
३७											

टिप्पणियाँ

शुरुआती अवधि: .... समाप्ति अवधि: ....

		सप्ताह					सप्ताह				
महीना और साल:	कार्यः										
विषय:											
अनुभाग:											
	दिन	S	M	B	G	S	S	M	B	G	S
छात्र के नाम:	टिप्पणियाँ तारीख										
१											
२											
३											
४											
५											
६											
७											
८											
९											
१०											
११											
१२											
१३											
१४											
१५											
१६											
१७											
१८											
१९											
२०											
२१											
२२											
२३											
२४											
२५											
२६											
२७											
२८											
२९											
३०											
३१											
३२											
३३											
३४											
३५											
३६											
३७											

टिप्पणियाँ

शुरुआती अवधि: .... समाप्ति अवधि: ....

महीना और साल:

विषय:

अनुभाग:

कार्य:

सप्ताह | सप्ताह

दिन

तारीख

छात्र के नाम:	टिप्पणियाँ	S	M	B	G	S	S	M	B	G	S
१											
२											
३											
४											
५											
६											
७											
८											
९											
१०											
११											
१२											
१३											
१४											
१५											
१६											
१७											
१८											
१९											
२०											
२१											
२२											
२३											
२४											
२५											
२६											
२७											
२८											
२९											
३०											
३१											
३२											
३३											
३४											
३५											
३६											
३७											

टिप्पणियाँ

शुरुआती अवधि: .... समाप्ति अवधि: ....

महीना और साल:		कार्य:	सप्ताह					सप्ताह			
विषय:											
अनुभाग:											
		दिन	S	M	B	G	S	S	M	B	G	S
छात्र के नाम:	टिप्पणियाँ	तारीख										
१												
२												
३												
४												
५												
६												
७												
८												
९												
१०												
११												
१२												
१३												
१४												
१५												
१६												
१७												
१८												
१९												
२०												
२१												
२२												
२३												
२४												
२५												
२६												
२७												
२८												
२९												
३०												
३१												
३२												
३३												
३४												
३५												
३६												
३७												

टिप्पणियाँ

शुरुआती अवधि: .... समाप्ति अवधि: ....

महीना और साल:	कार्य:	सप्ताह					सप्ताह				
विषय:											
अनुभाग:											
	दिन	S	M	B	G	S	S	M	B	G	S
छात्र के नाम:	टिप्पणियाँ / तारीख										
१											
२											
३											
४											
५											
६											
७											
८											
९											
१०											
११											
१२											
१३											
१४											
१५											
१६											
१७											
१८											
१९											
२०											
२१											
२२											
२३											
२४											
२५											
२६											
२७											
२८											
२९											
३०											
३१											
३२											
३३											
३४											
३५											
३६											
३७											

टिप्पणियाँ

शुरुआती अवधि: .... समाप्ति अवधि: ....

महीना और साल:		कार्य:	सप्ताह					सप्ताह				
विषय:												
अनुभाग:												
		दिन	S	M	B	G	S	S	M	B	G	S
छात्र के नाम:	टिप्पणियाँ	तारीख										
१												
२												
३												
४												
५												
६												
७												
८												
९												
१०												
११												
१२												
१३												
१४												
१५												
१६												
१७												
१८												
१९												
२०												
२१												
२२												
२३												
२४												
२५												
२६												
२७												
२८												
२९												
३०												
३१												
३२												
३३												
३४												
३५												
३६												
३७												

टिप्पणियाँ

शुरुआती अवधि: .... समाप्ति अवधि: ....

महीना और साल:

विषय:

अनुभाग:

कार्य:

		सप्ताह					सप्ताह				
	दिन	S	M	B	G	S	S	M	B	G	S
छात्र के नाम:	टिप्पणियाँ तारीख										
१											
२											
३											
४											
५											
६											
७											
८											
९											
१०											
११											
१२											
१३											
१४											
१५											
१६											
१७											
१८											
१९											
२०											
२१											
२२											
२३											
२४											
२५											
२६											
२७											
२८											
२९											
३०											
३१											
३२											
३३											
३४											
३५											
३६											
३७											

टिप्पणियाँ

शुरुआती अवधि: .... समाप्ति अवधि: ....

महीना और साल:		कार्य:	सप्ताह					सप्ताह			
विषय:											
अनुभाग:											
		दिन	S	M	B	G	S	S	M	B	G	S
छात्र के नाम:	टिप्पणियाँ	तारीख										
१												
२												
३												
४												
५												
६												
७												
८												
९												
१०												
११												
१२												
१३												
१४												
१५												
१६												
१७												
१८												
१९												
२०												
२१												
२२												
२३												
२४												
२५												
२६												
२७												
२८												
२९												
३०												
३१												
३२												
३३												
३४												
३५												
३६												
३७												

टिप्पणियाँ

शुरुआती अवधि: .... समाप्ति अवधि: ....

महीना और साल:		कार्य:	सप्ताह					सप्ताह				
विषय:												
अनुभाग:												
		दिन	S	M	B	G	S	S	M	B	G	S
छात्र के नाम:	टिप्पणियाँ	तारीख										
१												
२												
३												
४												
५												
६												
७												
८												
९												
१०												
११												
१२												
१३												
१४												
१५												
१६												
१७												
१८												
१९												
२०												
२१												
२२												
२३												
२४												
२५												
२६												
२७												
२८												
२९												
३०												
३१												
३२												
३३												
३४												
३५												
३६												
३७												

टिप्पणियाँ

शुरुआती अवधि: .... समाप्ति अवधि: ....

महीना और साल:

विषय:

अनुभाग:

कार्य:

	सप्ताह					सप्ताह				
दिन	S	M	B	G	S	S	M	B	G	S
तारीख										

छात्र के नाम:	टिप्पणियाँ										
१											
२											
३											
४											
५											
६											
७											
८											
९											
१०											
११											
१२											
१३											
१४											
१५											
१६											
१७											
१८											
१९											
२०											
२१											
२२											
२३											
२४											
२५											
२६											
२७											
२८											
२९											
३०											
३१											
३२											
३३											
३४											
३५											
३६											
३७											

टिप्पणियाँ

शुरुआती अवधि: .... समाप्ति अवधि: ....

महीना और साल:

विषय:

अनुभाग:

कार्य:

		सप्ताह					सप्ताह				
	दिन	S	M	B	G	S	S	M	B	G	S
छात्र के नाम:	टिप्पणियाँ तारीख										
१											
२											
३											
४											
५											
६											
७											
८											
९											
१०											
११											
१२											
१३											
१४											
१५											
१६											
१७											
१८											
१९											
२०											
२१											
२२											
२३											
२४											
२५											
२६											
२७											
२८											
२९											
३०											
३१											
३२											
३३											
३४											
३५											
३६											
३७											

टिप्पणियाँ

शुरुआती अवधि: .... समाप्ति अवधि: ....

महीना और साल:		कार्य:	सप्ताह					सप्ताह				
विषय:												
अनुभाग:												
		दिन	S	M	B	G	S	S	M	B	G	S
छात्र के नाम:	टिप्पणियाँ	तारीख										
१												
२												
३												
४												
५												
६												
७												
८												
९												
१०												
११												
१२												
१३												
१४												
१५												
१६												
१७												
१८												
१९												
२०												
२१												
२२												
२३												
२४												
२५												
२६												
२७												
२८												
२९												
३०												
३१												
३२												
३३												
३४												
३५												
३६												
३७												

टिप्पणियाँ

शुरुआती अवधि: .... समाप्ति अवधि: ....

महीना और साल:

विषय:

अनुभाग:

कार्य:

		सप्ताह					सप्ताह				
	दिन	S	M	B	G	S	S	M	B	G	S
छात्र के नाम:	टिप्पणियाँ तारीख										
१											
२											
३											
४											
५											
६											
७											
८											
९											
१०											
११											
१२											
१३											
१४											
१५											
१६											
१७											
१८											
१९											
२०											
२१											
२२											
२३											
२४											
२५											
२६											
२७											
२८											
२९											
३०											
३१											
३२											
३३											
३४											
३५											
३६											
३७											

टिप्पणियाँ

शुरुआती अवधि: .... समाप्ति अवधि: ....

महीना और साल:

विषय:

अनुभाग:

कार्य:

सप्ताह | सप्ताह

दिन

तारीख

छात्र के नाम:	टिप्पणियाँ	S	M	B	G	S	S	M	B	G	S
१											
२											
३											
४											
५											
६											
७											
८											
९											
१०											
११											
१२											
१३											
१४											
१५											
१६											
१७											
१८											
१९											
२०											
२१											
२२											
२३											
२४											
२५											
२६											
२७											
२८											
२९											
३०											
३१											
३२											
३३											
३४											
३५											
३६											
३७											

टिप्पणियाँ

शुरुआती अवधि: .... समाप्ति अवधि: ....

महीना और साल:

विषय:

अनुभाग:

कार्य:

		सप्ताह					सप्ताह				
	दिन	S	M	B	G	S	S	M	B	G	S
छात्र के नाम:	टिप्पणियाँ तारीख										
१											
२											
३											
४											
५											
६											
७											
८											
९											
१०											
११											
१२											
१३											
१४											
१५											
१६											
१७											
१८											
१९											
२०											
२१											
२२											
२३											
२४											
२५											
२६											
२७											
२८											
२९											
३०											
३१											
३२											
३३											
३४											
३५											
३६											
३७											

टिप्पणियाँ

शुरुआती अवधि: .... समाप्ति अवधि: ....

महीना और साल:

विषय:

अनुभाग:

कार्य:

छात्र के नाम:	टिप्पणियाँ	सप्ताह					सप्ताह				
	दिन	S	M	B	G	S	S	M	B	G	S
	तारीख										
१											
२											
३											
४											
५											
६											
७											
८											
९											
१०											
११											
१२											
१३											
१४											
१५											
१६											
१७											
१८											
१९											
२०											
२१											
२२											
२३											
२४											
२५											
२६											
२७											
२८											
२९											
३०											
३१											
३२											
३३											
३४											
३५											
३६											
३७											

टिप्पणियाँ

शुरुआती अवधि: .... समाप्ति अवधि: ....

महीना और साल:

विषय:

अनुभाग:

कार्य:

छात्र के नाम:	टिप्पणियाँ	सप्ताह					सप्ताह				
	दिन	S	M	B	G	S	S	M	B	G	S
	तारीख										
१											
२											
३											
४											
५											
६											
७											
८											
९											
१०											
११											
१२											
१३											
१४											
१५											
१६											
१७											
१८											
१९											
२०											
२१											
२२											
२३											
२४											
२५											
२६											
२७											
२८											
२९											
३०											
३१											
३२											
३३											
३४											
३५											
३६											
३७											

टिप्पणियाँ

शुरुआती अवधि: .... समाप्ति अवधि: ....

महीना और साल:

विषय:

अनुभाग:

कार्यः

		सप्ताह					सप्ताह				
	दिन	S	M	B	G	S	S	M	B	G	S
छात्र के नाम:	टिप्पणियाँ तारीख										
१											
२											
३											
४											
५											
६											
७											
८											
९											
१०											
११											
१२											
१३											
१४											
१५											
१६											
१७											
१८											
१९											
२०											
२१											
२२											
२३											
२४											
२५											
२६											
२७											
२८											
२९											
३०											
३१											
३२											
३३											
३४											
३५											
३६											
३७											

टिप्पणियाँ

शुरुआती अवधि: .... समाप्ति अवधि: ....

महीना और साल:

विषय:

अनुभाग:

कार्य:

सप्ताह | सप्ताह

दिन ↗ | तारीख ↗

छात्र के नाम:	टिप्पणियाँ	S	M	B	G	S	S	M	B	G	S
१											
२											
३											
४											
५											
६											
७											
८											
९											
१०											
११											
१२											
१३											
१४											
१५											
१६											
१७											
१८											
१९											
२०											
२१											
२२											
२३											
२४											
२५											
२६											
२७											
२८											
२९											
३०											
३१											
३२											
३३											
३४											
३५											
३६											
३७											

टिप्पणियाँ

शुरुआती अवधि: .... समाप्ति अवधि: ....

महीना और साल:		कार्य:	सप्ताह					सप्ताह				
विषय:												
अनुभाग:												
		दिन	S	M	B	G	S	S	M	B	G	S
छात्र के नाम:	टिप्पणियाँ	तारीख										
१												
२												
३												
४												
५												
६												
७												
८												
९												
१०												
११												
१२												
१३												
१४												
१५												
१६												
१७												
१८												
१९												
२०												
२१												
२२												
२३												
२४												
२५												
२६												
२७												
२८												
२९												
३०												
३१												
३२												
३३												
३४												
३५												
३६												
३७												

टिप्पणियाँ

शुरुआती अवधि: .... समाप्ति अवधि: ....

महीना और साल:		कार्य:	सप्ताह					सप्ताह				
विषय:												
अनुभाग:												
		दिन	S	M	B	G	S	S	M	B	G	S
छात्र के नाम:	टिप्पणियाँ	तारीख										
१												
२												
३												
४												
५												
६												
७												
८												
९												
१०												
११												
१२												
१३												
१४												
१५												
१६												
१७												
१८												
१९												
२०												
२१												
२२												
२३												
२४												
२५												
२६												
२७												
२८												
२९												
३०												
३१												
३२												
३३												
३४												
३५												
३६												
३७												

टिप्पणियाँ

शुरुआती अवधि: .... समाप्ति अवधि: ....

महीना और साल:

विषय:

अनुभाग:

कार्य:

सप्ताह | सप्ताह

दिन

तारीख

छात्र के नाम:	टिप्पणियाँ	S	M	B	G	S	S	M	B	G	S
१											
२											
३											
४											
५											
६											
७											
८											
९											
१०											
११											
१२											
१३											
१४											
१५											
१६											
१७											
१८											
१९											
२०											
२१											
२२											
२३											
२४											
२५											
२६											
२७											
२८											
२९											
३०											
३१											
३२											
३३											
३४											
३५											
३६											
३७											

टिप्पणियाँ

शुरुआती अवधि: .... समाप्ति अवधि: ....

महीना और साल:

विषय:

अनुभाग:

कार्य:

		सप्ताह					सप्ताह				
	दिन	S	M	B	G	S	S	M	B	G	S
छात्र के नाम:	टिप्पणियाँ तारीख										
१											
२											
३											
४											
५											
६											
७											
८											
९											
१०											
११											
१२											
१३											
१४											
१५											
१६											
१७											
१८											
१९											
२०											
२१											
२२											
२३											
२४											
२५											
२६											
२७											
२८											
२९											
३०											
३१											
३२											
३३											
३४											
३५											
३६											
३७											

टिप्पणियाँ

शुरुआती अवधि: .... समाप्ति अवधि: ....

महीना और साल:

विषय:

अनुभाग:

कार्य:

सप्ताह | सप्ताह

दिन / तारीख

छात्र के नाम:	टिप्पणियाँ	S	M	B	G	S	S	M	B	G	S
१											
२											
३											
४											
५											
६											
७											
८											
९											
१०											
११											
१२											
१३											
१४											
१५											
१६											
१७											
१८											
१९											
२०											
२१											
२२											
२३											
२४											
२५											
२६											
२७											
२८											
२९											
३०											
३१											
३२											
३३											
३४											
३५											
३६											
३७											

टिप्पणियाँ

शुरुआती अवधि: .... समाप्ति अवधि: ....

महीना और साल:

विषय:

अनुभाग:

कार्य:

		सप्ताह					सप्ताह				
	दिन	S	M	B	G	S	S	M	B	G	S
छात्र के नाम:	टिप्पणियाँ / तारीख										
१											
२											
३											
४											
५											
६											
७											
८											
९											
१०											
११											
१२											
१३											
१४											
१५											
१६											
१७											
१८											
१९											
२०											
२१											
२२											
२३											
२४											
२५											
२६											
२७											
२८											
२९											
३०											
३१											
३२											
३३											
३४											
३५											
३६											
३७											

टिप्पणियाँ

शुरुआती अवधि: .... समाप्ति अवधि: ....

महीना और साल:

विषय:

अनुभाग:

कार्य:

		सप्ताह					सप्ताह				
	दिन	S	M	B	G	S	S	M	B	G	S
छात्र के नाम:	टिप्पणियाँ तारीख										
१											
२											
३											
४											
५											
६											
७											
८											
९											
१०											
११											
१२											
१३											
१४											
१५											
१६											
१७											
१८											
१९											
२०											
२१											
२२											
२३											
२४											
२५											
२६											
२७											
२८											
२९											
३०											
३१											
३२											
३३											
३४											
३५											
३६											
३७											

टिप्पणियाँ

शुरुआती अवधि: .... समाप्ति अवधि: ....

महीना और साल:

विषय:

अनुभाग:

		कार्य:	सप्ताह					सप्ताह			
		दिन	S	M	B	G	S	S	M	B	G
छात्र के नाम:	टिप्पणियाँ	तारीख									
१											
२											
३											
४											
५											
६											
७											
८											
९											
१०											
११											
१२											
१३											
१४											
१५											
१६											
१७											
१८											
१९											
२०											
२१											
२२											
२३											
२४											
२५											
२६											
२७											
२८											
२९											
३०											
३१											
३२											
३३											
३४											
३५											
३६											
३७											

टिप्पणियाँ

शुरुआती अवधि: .... समाप्ति अवधि: ....

महीना और साल:

विषय:

अनुभाग:

कार्य:

		सप्ताह					सप्ताह				
	दिन	S	M	B	G	S	S	M	B	G	S
छात्र के नाम:	टिप्पणियाँ / तारीख										
१											
२											
३											
४											
५											
६											
७											
८											
९											
१०											
११											
१२											
१३											
१४											
१५											
१६											
१७											
१८											
१९											
२०											
२१											
२२											
२३											
२४											
२५											
२६											
२७											
२८											
२९											
३०											
३१											
३२											
३३											
३४											
३५											
३६											
३७											

टिप्पणियाँ

शुरुआती अवधि: .... समाप्ति अवधि: ....

महीना और साल:

विषय:

अनुभाग:

कार्य:

		सप्ताह					सप्ताह				
	दिन	S	M	B	G	S	S	M	B	G	S
छात्र के नाम:	टिप्पणियाँ / तारीख										
१											
२											
३											
४											
५											
६											
७											
८											
९											
१०											
११											
१२											
१३											
१४											
१५											
१६											
१७											
१८											
१९											
२०											
२१											
२२											
२३											
२४											
२५											
२६											
२७											
२८											
२९											
३०											
३१											
३२											
३३											
३४											
३५											
३६											
३७											

टिप्पणियाँ

शुरुआती अवधि: .... समाप्ति अवधि: ....

महीना और साल:

विषय:

अनुभाग:

कार्यः

		सप्ताह					सप्ताह				
	दिन	S	M	B	G	S	S	M	B	G	S
छात्र के नाम:	टिप्पणियाँ तारीख										
१											
२											
३											
४											
५											
६											
७											
८											
९											
१०											
११											
१२											
१३											
१४											
१५											
१६											
१७											
१८											
१९											
२०											
२१											
२२											
२३											
२४											
२५											
२६											
२७											
२८											
२९											
३०											
३१											
३२											
३३											
३४											
३५											
३६											
३७											

टिप्पणियाँ

शुरुआती अवधि: .... समाप्ति अवधि: ....

महीना और साल:	कार्य:	सप्ताह					सप्ताह				
विषय:											
अनुभाग:											
	दिन	S	M	B	G	S	S	M	B	G	S
छात्र के नाम:	टिप्पणियाँ / तारीख										
१											
२											
३											
४											
५											
६											
७											
८											
९											
१०											
११											
१२											
१३											
१४											
१५											
१६											
१७											
१८											
१९											
२०											
२१											
२२											
२३											
२४											
२५											
२६											
२७											
२८											
२९											
३०											
३१											
३२											
३३											
३४											
३५											
३६											
३७											

टिप्पणियाँ

शुरुआती अवधि: .... समाप्ति अवधि: ....

महीना और साल:

विषय:

अनुभाग:

कार्यः

		सप्ताह					सप्ताह				
	दिन	S	M	B	G	S	S	M	B	G	S
छात्र के नाम:	टिप्पणियाँ तारीख										
१											
२											
३											
४											
५											
६											
७											
८											
९											
१०											
११											
१२											
१३											
१४											
१५											
१६											
१७											
१८											
१९											
२०											
२१											
२२											
२३											
२४											
२५											
२६											
२७											
२८											
२९											
३०											
३१											
३२											
३३											
३४											
३५											
३६											
३७											

टिप्पणियाँ

शुरुआती अवधि: .... समाप्ति अवधि: ....

महीना और साल:

विषय:

अनुभाग:

कार्य:

		सप्ताह					सप्ताह				
	दिन	S	M	B	G	S	S	M	B	G	S
छात्र के नाम:	टिप्पणियाँ तारीख										
१											
२											
३											
४											
५											
६											
७											
८											
९											
१०											
११											
१२											
१३											
१४											
१५											
१६											
१७											
१८											
१९											
२०											
२१											
२२											
२३											
२४											
२५											
२६											
२७											
२८											
२९											
३०											
३१											
३२											
३३											
३४											
३५											
३६											
३७											

टिप्पणियाँ

शुरुआती अवधि: .... समाप्ति अवधि: ....

महीना और साल:

विषय:

अनुभाग:

कार्य:

		सप्ताह					सप्ताह				
	दिन	S	M	B	G	S	S	M	B	G	S
छात्र के नाम:	टिप्पणियाँ तारीख										
१											
२											
३											
४											
५											
६											
७											
८											
९											
१०											
११											
१२											
१३											
१४											
१५											
१६											
१७											
१८											
१९											
२०											
२१											
२२											
२३											
२४											
२५											
२६											
२७											
२८											
२९											
३०											
३१											
३२											
३३											
३४											
३५											
३६											
३७											

टिप्पणियाँ

शुरुआती अवधि: .... समाप्ति अवधि: ....

महीना और साल:	कार्य:	सप्ताह					सप्ताह				
विषय:											
अनुभाग:											
	दिन	S	M	B	G	S	S	M	B	G	S
छात्र के नाम:	टिप्पणियाँ तारीख										
१											
२											
३											
४											
५											
६											
७											
८											
९											
१०											
११											
१२											
१३											
१४											
१५											
१६											
१७											
१८											
१९											
२०											
२१											
२२											
२३											
२४											
२५											
२६											
२७											
२८											
२९											
३०											
३१											
३२											
३३											
३४											
३५											
३६											
३७											

टिप्पणियाँ

शुरुआती अवधि: .... समाप्ति अवधि: ....

महीना और साल:

विषय:

अनुभाग:

कार्य:

		सप्ताह					सप्ताह				
	दिन	S	M	B	G	S	S	M	B	G	S
छात्र के नाम:	टिप्पणियाँ तारीख										
१											
२											
३											
४											
५											
६											
७											
८											
९											
१०											
११											
१२											
१३											
१४											
१५											
१६											
१७											
१८											
१९											
२०											
२१											
२२											
२३											
२४											
२५											
२६											
२७											
२८											
२९											
३०											
३१											
३२											
३३											
३४											
३५											
३६											
३७											

टिप्पणियाँ

शुरुआती अवधि: .... समाप्ति अवधि: ....

महीना और साल:

विषय:

अनुभाग:

कार्य:

		सप्ताह					सप्ताह				
	दिन	S	M	B	G	S	S	M	B	G	S
छात्र के नाम:	टिप्पणियाँ तारीख										
१											
२											
३											
४											
५											
६											
७											
८											
९											
१०											
११											
१२											
१३											
१४											
१५											
१६											
१७											
१८											
१९											
२०											
२१											
२२											
२३											
२४											
२५											
२६											
२७											
२८											
२९											
३०											
३१											
३२											
३३											
३४											
३५											
३६											
३७											

टिप्पणियाँ

शुरुआती अवधि: .... समाप्ति अवधि: ....

महीना और साल:

विषय:

अनुभाग:

कार्य:

छात्र के नाम:	टिप्पणियाँ	सप्ताह					सप्ताह				
	दिन	S	M	B	G	S	S	M	B	G	S
	तारीख										
१											
२											
३											
४											
५											
६											
७											
८											
९											
१०											
११											
१२											
१३											
१४											
१५											
१६											
१७											
१८											
१९											
२०											
२१											
२२											
२३											
२४											
२५											
२६											
२७											
२८											
२९											
३०											
३१											
३२											
३३											
३४											
३५											
३६											
३७											

टिप्पणियाँ

शुरुआती अवधि: .... समाप्ति अवधि: ....

महीना और साल:

विषय:

अनुभाग:

कार्य:	सप्ताह					सप्ताह				
दिन	S	M	B	G	S	S	M	B	G	S
तारीख										

छात्र के नाम:	टिप्पणियाँ										
१											
२											
३											
४											
५											
६											
७											
८											
९											
१०											
११											
१२											
१३											
१४											
१५											
१६											
१७											
१८											
१९											
२०											
२१											
२२											
२३											
२४											
२५											
२६											
२७											
२८											
२९											
३०											
३१											
३२											
३३											
३४											
३५											
३६											
३७											

टिप्पणियाँ

शुरुआती अवधि: .... समाप्ति अवधि: ....

महीना और साल:		कार्य:	सप्ताह					सप्ताह				
विषय:												
अनुभाग:												
		दिन	S	M	B	G	S	S	M	B	G	S
छात्र के नाम:	टिप्पणियाँ	तारीख										
१												
२												
३												
४												
५												
६												
७												
८												
९												
१०												
११												
१२												
१३												
१४												
१५												
१६												
१७												
१८												
१९												
२०												
२१												
२२												
२३												
२४												
२५												
२६												
२७												
२८												
२९												
३०												
३१												
३२												
३३												
३४												
३५												
३६												
३७												

टिप्पणियाँ

शुरुआती अवधि: .... समाप्ति अवधि: ....

महीना और साल:		कार्य:	सप्ताह					सप्ताह				
विषय:												
अनुभाग:												
		दिन	S	M	B	G	S	S	M	B	G	S
छात्र के नाम:	टिप्पणियाँ	तारीख										
१												
२												
३												
४												
५												
६												
७												
८												
९												
१०												
११												
१२												
१३												
१४												
१५												
१६												
१७												
१८												
१९												
२०												
२१												
२२												
२३												
२४												
२५												
२६												
२७												
२८												
२९												
३०												
३१												
३२												
३३												
३४												
३५												
३६												
३७												

टिप्पणियाँ

शुरुआती अवधि: .... समाप्ति अवधि: ....

महीना और साल:		कार्य:	सप्ताह					सप्ताह				
विषय:												
अनुभाग:												
		दिन	S	M	B	G	S	S	M	B	G	S
छात्र के नाम:	टिप्पणियाँ	तारीख										
१												
२												
३												
४												
५												
६												
७												
८												
९												
१०												
११												
१२												
१३												
१४												
१५												
१६												
१७												
१८												
१९												
२०												
२१												
२२												
२३												
२४												
२५												
२६												
२७												
२८												
२९												
३०												
३१												
३२												
३३												
३४												
३५												
३६												
३७												

टिप्पणियाँ

शुरुआती अवधि: .... समाप्ति अवधि: ....

महीना और साल:

विषय:

अनुभाग:

कार्य:

		सप्ताह					सप्ताह				
	दिन	S	M	B	G	S	S	M	B	G	S
छात्र के नाम:	टिप्पणियाँ तारीख										
१											
२											
३											
४											
५											
६											
७											
८											
९											
१०											
११											
१२											
१३											
१४											
१५											
१६											
१७											
१८											
१९											
२०											
२१											
२२											
२३											
२४											
२५											
२६											
२७											
२८											
२९											
३०											
३१											
३२											
३३											
३४											
३५											
३६											
३७											

टिप्पणियाँ

शुरुआती अवधि: .... समाप्ति अवधि: ....

महीना और साल:

विषय:

अनुभाग:

कार्य:

		सप्ताह					सप्ताह				
	दिन ↷	S	M	B	G	S	S	M	B	G	S
छात्र के नाम:	टिप्पणियाँ तारीख ↷										
१											
२											
३											
४											
५											
६											
७											
८											
९											
१०											
११											
१२											
१३											
१४											
१५											
१६											
१७											
१८											
१९											
२०											
२१											
२२											
२३											
२४											
२५											
२६											
२७											
२८											
२९											
३०											
३१											
३२											
३३											
३४											
३५											
३६											
३७											

टिप्पणियाँ

शुरुआती अवधि: .... समाप्ति अवधि: ....

महीना और साल:

विषय:

अनुभाग:

कार्य:

		सप्ताह					सप्ताह				
	दिन	S	M	B	G	S	S	M	B	G	S
छात्र के नाम:	टिप्पणियाँ / तारीख										
१											
२											
३											
४											
५											
६											
७											
८											
९											
१०											
११											
१२											
१३											
१४											
१५											
१६											
१७											
१८											
१९											
२०											
२१											
२२											
२३											
२४											
२५											
२६											
२७											
२८											
२९											
३०											
३१											
३२											
३३											
३४											
३५											
३६											
३७											

टिप्पणियाँ

शुरुआती अवधि: .... समाप्ति अवधि: ....

महीना और साल:

विषय:

अनुभाग:

कार्य:

		सप्ताह					सप्ताह				
	दिन	S	M	B	G	S	S	M	B	G	S
छात्र के नाम:	टिप्पणियाँ तारीख										
१											
२											
३											
४											
५											
६											
७											
८											
९											
१०											
११											
१२											
१३											
१४											
१५											
१६											
१७											
१८											
१९											
२०											
२१											
२२											
२३											
२४											
२५											
२६											
२७											
२८											
२९											
३०											
३१											
३२											
३३											
३४											
३५											
३६											
३७											

टिप्पणियाँ

शुरुआती अवधि: .... समाप्ति अवधि: ....

महीना और साल:		कार्य:	सप्ताह					सप्ताह				
विषय:												
अनुभागः												
		दिन ➜ तारीख ➜	S	M	B	G	S	S	M	B	G	S
छात्र के नाम:	टिप्पणियाँ											
१												
२												
३												
४												
५												
६												
७												
८												
९												
१०												
११												
१२												
१३												
१४												
१५												
१६												
१७												
१८												
१९												
२०												
२१												
२२												
२३												
२४												
२५												
२६												
२७												
२८												
२९												
३०												
३१												
३२												
३३												
३४												
३५												
३६												
३७												

टिप्पणियाँ

शुरুआती अवधि: .... समाप्ति अवधि: ....

महीना और साल:		कार्य:	सप्ताह					सप्ताह				
विषय:												
अनुभाग:												
		दिन	S	M	B	G	S	S	M	B	G	S
छात्र के नाम:	टिप्पणियाँ	तारीख										
१												
२												
३												
४												
५												
६												
७												
८												
९												
१०												
११												
१२												
१३												
१४												
१५												
१६												
१७												
१८												
१९												
२०												
२१												
२२												
२३												
२४												
२५												
२६												
२७												
२८												
२९												
३०												
३१												
३२												
३३												
३४												
३५												
३६												
३७												

टिप्पणियाँ

शुरुआती अवधि: .... समाप्ति अवधि: ....

महीना और साल:

विषय:

अनुभाग:

कार्य:

सप्ताह | सप्ताह

		सप्ताह					सप्ताह				
	दिन ↗	S	M	B	G	S	S	M	B	G	S
छात्र के नाम:	टिप्पणियाँ तारीख ↗										
१											
२											
३											
४											
५											
६											
७											
८											
९											
१०											
११											
१२											
१३											
१४											
१५											
१६											
१७											
१८											
१९											
२०											
२१											
२२											
२३											
२४											
२५											
२६											
२७											
२८											
२९											
३०											
३१											
३२											
३३											
३४											
३५											
३६											
३७											

टिप्पणियाँ

शुरुआती अवधि: .... समाप्ति अवधि: ....

महीना और साल:

विषय:

अनुभाग:

कार्य:

		सप्ताह					सप्ताह				
	दिन	S	M	B	G	S	S	M	B	G	S
छात्र के नाम:	टिप्पणियाँ तारीख										
१											
२											
३											
४											
५											
६											
७											
८											
९											
१०											
११											
१२											
१३											
१४											
१५											
१६											
१७											
१८											
१९											
२०											
२१											
२२											
२३											
२४											
२५											
२६											
२७											
२८											
२९											
३०											
३१											
३२											
३३											
३४											
३५											
३६											
३७											

टिप्पणियाँ

शुरुआती अवधि: .... समाप्ति अवधि: ....

महीना और साल:

विषय:

अनुभाग:

कार्य:

		सप्ताह					सप्ताह				
	दिन	S	M	B	G	S	S	M	B	G	S
छात्र के नाम:	टिप्पणियाँ तारीख										
१											
२											
३											
४											
५											
६											
७											
८											
९											
१०											
११											
१२											
१३											
१४											
१५											
१६											
१७											
१८											
१९											
२०											
२१											
२२											
२३											
२४											
२५											
२६											
२७											
२८											
२९											
३०											
३१											
३२											
३३											
३४											
३५											
३६											
३७											

टिप्पणियाँ

शुरुआती अवधि: .... समाप्ति अवधि: ....

महीना और साल:		कार्य:	सप्ताह					सप्ताह				
विषय:												
अनुभाग:												
		दिन	S	M	B	G	S	S	M	B	G	S
छात्र के नाम:	टिप्पणियाँ	तारीख										
१												
२												
३												
४												
५												
६												
७												
८												
९												
१०												
११												
१२												
१३												
१४												
१५												
१६												
१७												
१८												
१९												
२०												
२१												
२२												
२३												
२४												
२५												
२६												
२७												
२८												
२९												
३०												
३१												
३२												
३३												
३४												
३५												
३६												
३७												

टिप्पणियाँ

शुरुआती अवधि: .... समाप्ति अवधि: ....

महीना और साल:		कार्य:	सप्ताह					सप्ताह				
विषय:												
अनुभाग:												
		दिन	S	M	B	G	S	S	M	B	G	S
छात्र के नाम:	टिप्पणियाँ	तारीख										
१												
२												
३												
४												
५												
६												
७												
८												
९												
१०												
११												
१२												
१३												
१४												
१५												
१६												
१७												
१८												
१९												
२०												
२१												
२२												
२३												
२४												
२५												
२६												
२७												
२८												
२९												
३०												
३१												
३२												
३३												
३४												
३५												
३६												
३७												

टिप्पणियाँ

शुरुआती अवधि: .... समाप्ति अवधि: ....

महीना और साल:

विषय:

अनुभाग:

कार्य:

		सप्ताह					सप्ताह				
	दिन	S	M	B	G	S	S	M	B	G	S
छात्र के नाम:	टिप्पणियाँ / तारीख										
१											
२											
३											
४											
५											
६											
७											
८											
९											
१०											
११											
१२											
१३											
१४											
१५											
१६											
१७											
१८											
१९											
२०											
२१											
२२											
२३											
२४											
२५											
२६											
२७											
२८											
२९											
३०											
३१											
३२											
३३											
३४											
३५											
३६											
३७											

टिप्पणियाँ

शुरुआती अवधि: .... समाप्ति अवधि: ....

महीना और साल:

विषय:

अनुभाग:

कार्य:

		सप्ताह					सप्ताह				
	दिन	S	M	B	G	S	S	M	B	G	S
छात्र के नाम:	टिप्पणियाँ / तारीख										
१											
२											
३											
४											
५											
६											
७											
८											
९											
१०											
११											
१२											
१३											
१४											
१५											
१६											
१७											
१८											
१९											
२०											
२१											
२२											
२३											
२४											
२५											
२६											
२७											
२८											
२९											
३०											
३१											
३२											
३३											
३४											
३५											
३६											
३७											

टिप्पणियाँ

शुरुआती अवधि: .... समाप्ति अवधि: ....

महीना और साल:		कार्य:	सप्ताह					सप्ताह				
विषय:												
अनुभाग:												
		दिन	S	M	B	G	S	S	M	B	G	S
छात्र के नाम:	टिप्पणियाँ	तारीख										
१												
२												
३												
४												
५												
६												
७												
८												
९												
१०												
११												
१२												
१३												
१४												
१५												
१६												
१७												
१८												
१९												
२०												
२१												
२२												
२३												
२४												
२५												
२६												
२७												
२८												
२९												
३०												
३१												
३२												
३३												
३४												
३५												
३६												
३७												

टिप्पणियाँ

शुरुआती अवधि: .... समाप्ति अवधि: ....

महीना और साल:

विषय:

अनुभाग:

कार्य:

		सप्ताह					सप्ताह				
	दिन	S	M	B	G	S	S	M	B	G	S
छात्र के नाम:	टिप्पणियाँ तारीख										
१											
२											
३											
४											
५											
६											
७											
८											
९											
१०											
११											
१२											
१३											
१४											
१५											
१६											
१७											
१८											
१९											
२०											
२१											
२२											
२३											
२४											
२५											
२६											
२७											
२८											
२९											
३०											
३१											
३२											
३३											
३४											
३५											
३६											
३७											

टिप्पणियाँ

शुरुआती अवधि: .... समाप्ति अवधि: ....

महीना और साल:

विषय:

अनुभाग:

कार्य:

		सप्ताह					सप्ताह				
	दिन	S	M	B	G	S	S	M	B	G	S
छात्र के नाम:	टिप्पणियाँ तारीख										
१											
२											
३											
४											
५											
६											
७											
८											
९											
१०											
११											
१२											
१३											
१४											
१५											
१६											
१७											
१८											
१९											
२०											
२१											
२२											
२३											
२४											
२५											
२६											
२७											
२८											
२९											
३०											
३१											
३२											
३३											
३४											
३५											
३६											
३७											

टिप्पणियाँ

शुरुआती अवधि: .... समाप्ति अवधि: ....

महीना और साल:

विषय:

अनुभाग:

कार्य:

		सप्ताह					सप्ताह				
	दिन	S	M	B	G	S	S	M	B	G	S
छात्र के नाम:	टिप्पणियाँ तारीख										
१											
२											
३											
४											
५											
६											
७											
८											
९											
१०											
११											
१२											
१३											
१४											
१५											
१६											
१७											
१८											
१९											
२०											
२१											
२२											
२३											
२४											
२५											
२६											
२७											
२८											
२९											
३०											
३१											
३२											
३३											
३४											
३५											
३६											
३७											

टिप्पणियाँ

शुरुआती अवधि: .... समाप्ति अवधि: ....

महीना और साल:		कार्य:	सप्ताह					सप्ताह				
विषय:												
अनुभाग:												
		दिन	S	M	B	G	S	S	M	B	G	S
छात्र के नाम:	टिप्पणियाँ	तारीख										
१												
२												
३												
४												
५												
६												
७												
८												
९												
१०												
११												
१२												
१३												
१४												
१५												
१६												
१७												
१८												
१९												
२०												
२१												
२२												
२३												
२४												
२५												
२६												
२७												
२८												
२९												
३०												
३१												
३२												
३३												
३४												
३५												
३६												
३७												

टिप्पणियाँ

शुरुआती अवधि: .... समाप्ति अवधि: ....

महीना और साल:

विषय:

अनुभाग:

कार्य:

		सप्ताह					सप्ताह				
	दिन ↗	S	M	B	G	S	S	M	B	G	S
छात्र के नाम:	टिप्पणियाँ तारीख ↗										
१											
२											
३											
४											
५											
६											
७											
८											
९											
१०											
११											
१२											
१३											
१४											
१५											
१६											
१७											
१८											
१९											
२०											
२१											
२२											
२३											
२४											
२५											
२६											
२७											
२८											
२९											
३०											
३१											
३२											
३३											
३४											
३५											
३६											
३७											

टिप्पणियाँ

शुरुआती अवधि: .... समाप्ति अवधि: ....

महीना और साल:

विषय:

अनुभाग:

कार्य:

		सप्ताह					सप्ताह				
	दिन	S	M	B	G	S	S	M	B	G	S
छात्र के नाम:	टिप्पणियाँ / तारीख										
१											
२											
३											
४											
५											
६											
७											
८											
९											
१०											
११											
१२											
१३											
१४											
१५											
१६											
१७											
१८											
१९											
२०											
२१											
२२											
२३											
२४											
२५											
२६											
२७											
२८											
२९											
३०											
३१											
३२											
३३											
३४											
३५											
३६											
३७											

टिप्पणियाँ

शुरुआती अवधि: .... समाप्ति अवधि: ....

महीना और साल:

विषय:

अनुभाग:

कार्य:

		सप्ताह					सप्ताह				
	दिन	S	M	B	G	S	S	M	B	G	S
छात्र के नाम:	टिप्पणियाँ / तारीख										
१											
२											
३											
४											
५											
६											
७											
८											
९											
१०											
११											
१२											
१३											
१४											
१५											
१६											
१७											
१८											
१९											
२०											
२१											
२२											
२३											
२४											
२५											
२६											
२७											
२८											
२९											
३०											
३१											
३२											
३३											
३४											
३५											
३६											
३७											

टिप्पणियाँ

शुरुआती अवधि: .... समाप्ति अवधि: ....

महीना और साल:

विषय:

अनुभाग:

कार्यः

		सप्ताह					सप्ताह				
	दिन	S	M	B	G	S	S	M	B	G	S
छात्र के नाम:	टिप्पणियाँ तारीख										
१											
२											
३											
४											
५											
६											
७											
८											
९											
१०											
११											
१२											
१३											
१४											
१५											
१६											
१७											
१८											
१९											
२०											
२१											
२२											
२३											
२४											
२५											
२६											
२७											
२८											
२९											
३०											
३१											
३२											
३३											
३४											
३५											
३६											
३७											

टिप्पणियाँ

शुरुआती अवधि: .... समाप्ति अवधि: ....

महीना और साल:

विषय:

अनुभाग:

कार्य:

		सप्ताह					सप्ताह				
	दिन	S	M	B	G	S	S	M	B	G	S
छात्र के नाम:	टिप्पणियाँ तारीख										
१											
२											
३											
४											
५											
६											
७											
८											
९											
१०											
११											
१२											
१३											
१४											
१५											
१६											
१७											
१८											
१९											
२०											
२१											
२२											
२३											
२४											
२५											
२६											
२७											
२८											
२९											
३०											
३१											
३२											
३३											
३४											
३५											
३६											
३७											

टिप्पणियाँ

शुरुआती अवधि: .... समाप्ति अवधि: ....

महीना और साल:

विषय:

अनुभाग:

कार्यः

		सप्ताह					सप्ताह				
	दिन	S	M	B	G	S	S	M	B	G	S
छात्र के नाम:	टिप्पणियाँ तारीख										
१											
२											
३											
४											
५											
६											
७											
८											
९											
१०											
११											
१२											
१३											
१४											
१५											
१६											
१७											
१८											
१९											
२०											
२१											
२२											
२३											
२४											
२५											
२६											
२७											
२८											
२९											
३०											
३१											
३२											
३३											
३४											
३५											
३६											
३७											

टिप्पणियाँ

शुरुआती अवधि: .... समाप्ति अवधि: ....

महीना और साल:

विषय:

अनुभाग:

कार्य:

		सप्ताह					सप्ताह				
	दिन	S	M	B	G	S	S	M	B	G	S
छात्र के नाम:	टिप्पणियाँ तारीख										
१											
२											
३											
४											
५											
६											
७											
८											
९											
१०											
११											
१२											
१३											
१४											
१५											
१६											
१७											
१८											
१९											
२०											
२१											
२२											
२३											
२४											
२५											
२६											
२७											
२८											
२९											
३०											
३१											
३२											
३३											
३४											
३५											
३६											
३७											

टिप्पणियाँ

शुरुआती अवधि: .... समाप्ति अवधि: ....

महीना और साल:

विषय:

अनुभाग:

कार्यः

		सप्ताह					सप्ताह				
	दिन	S	M	B	G	S	S	M	B	G	S
छात्र के नाम:	टिप्पणियाँ तारीख										
१											
२											
३											
४											
५											
६											
७											
८											
९											
१०											
११											
१२											
१३											
१४											
१५											
१६											
१७											
१८											
१९											
२०											
२१											
२२											
२३											
२४											
२५											
२६											
२७											
२८											
२९											
३०											
३१											
३२											
३३											
३४											
३५											
३६											
३७											

टिप्पणियाँ

शुरुआती अवधि: .... समाप्ति अवधि: ....

महीना और साल:

विषय:

अनुभाग:

कार्य:

		सप्ताह					सप्ताह				
	दिन	S	M	B	G	S	S	M	B	G	S
छात्र के नाम:	टिप्पणियाँ तारीख										
१											
२											
३											
४											
५											
६											
७											
८											
९											
१०											
११											
१२											
१३											
१४											
१५											
१६											
१७											
१८											
१९											
२०											
२१											
२२											
२३											
२४											
२५											
२६											
२७											
२८											
२९											
३०											
३१											
३२											
३३											
३४											
३५											
३६											
३७											

टिप्पणियाँ

शुरुआती अवधि: .... समाप्ति अवधि: ....

महीना और साल:		कार्य:	सप्ताह					सप्ताह			
विषय:											
अनुभाग:											
	दिन ↗		S	M	B	G	S	S	M	B	G S
छात्र के नाम:	टिप्पणियाँ तारीख ↗										
१											
२											
३											
४											
५											
६											
७											
८											
९											
१०											
११											
१२											
१३											
१४											
१५											
१६											
१७											
१८											
१९											
२०											
२१											
२२											
२३											
२४											
२५											
२६											
२७											
२८											
२९											
३०											
३१											
३२											
३३											
३४											
३५											
३६											
३७											

टिप्पणियाँ

शुरुआती अवधि: .... समाप्ति अवधि: ....

महीना और साल:

विषय:

अनुभाग:

कार्य:

		सप्ताह					सप्ताह				
	दिन	S	M	B	G	S	S	M	B	G	S
छात्र के नाम:	टिप्पणियाँ तारीख										
१											
२											
३											
४											
५											
६											
७											
८											
९											
१०											
११											
१२											
१३											
१४											
१५											
१६											
१७											
१८											
१९											
२०											
२१											
२२											
२३											
२४											
२५											
२६											
२७											
२८											
२९											
३०											
३१											
३२											
३३											
३४											
३५											
३६											
३७											

टिप्पणियाँ

शुरुआती अवधि: .... समाप्ति अवधि: ....

महीना और साल:

विषय:

अनुभाग:

कार्य:

		सप्ताह					सप्ताह				
	दिन	S	M	B	G	S	S	M	B	G	S
छात्र के नाम:	टिप्पणियाँ तारीख										
१											
२											
३											
४											
५											
६											
७											
८											
९											
१०											
११											
१२											
१३											
१४											
१५											
१६											
१७											
१८											
१९											
२०											
२१											
२२											
२३											
२४											
२५											
२६											
२७											
२८											
२९											
३०											
३१											
३२											
३३											
३४											
३५											
३६											
३७											

टिप्पणियाँ

शुरुआती अवधि: .... समाप्ति अवधि: ....

महीना और साल:

विषय:

अनुभाग:

कार्य:

		सप्ताह					सप्ताह				
	दिन	S	M	B	G	S	S	M	B	G	S
छात्र के नाम:	टिप्पणियाँ / तारीख										
१											
२											
३											
४											
५											
६											
७											
८											
९											
१०											
११											
१२											
१३											
१४											
१५											
१६											
१७											
१८											
१९											
२०											
२१											
२२											
२३											
२४											
२५											
२६											
२७											
२८											
२९											
३०											
३१											
३२											
३३											
३४											
३५											
३६											
३७											

टिप्पणियाँ

शुरुआती अवधि: .... समाप्ति अवधि: ....

महीना और साल:

विषय:

अनुभाग:

कार्य:

		सप्ताह					सप्ताह				
	दिन	S	M	B	G	S	S	M	B	G	S
छात्र के नाम:	टिप्पणियाँ तारीख										
१											
२											
३											
४											
५											
६											
७											
८											
९											
१०											
११											
१२											
१३											
१४											
१५											
१६											
१७											
१८											
१९											
२०											
२१											
२२											
२३											
२४											
२५											
२६											
२७											
२८											
२९											
३०											
३१											
३२											
३३											
३४											
३५											
३६											
३७											

टिप्पणियाँ

शुरुआती अवधि: .... समाप्ति अवधि: ....

महीना और साल:

विषय:

अनुभाग:

कार्य:

		सप्ताह					सप्ताह				
	दिन	S	M	B	G	S	S	M	B	G	S
छात्र के नाम:	टिप्पणियाँ / तारीख										
१											
२											
३											
४											
५											
६											
७											
८											
९											
१०											
११											
१२											
१३											
१४											
१५											
१६											
१७											
१८											
१९											
२०											
२१											
२२											
२३											
२४											
२५											
२६											
२७											
२८											
२९											
३०											
३१											
३२											
३३											
३४											
३५											
३६											
३७											

टिप्पणियाँ

शुरुआती अवधि: .... समाप्ति अवधि: ....

महीना और साल:

विषय:

अनुभाग:

कार्य:

		सप्ताह					सप्ताह				
	दिन	S	M	B	G	S	S	M	B	G	S
छात्र के नाम:	टिप्पणियाँ तारीख										
१											
२											
३											
४											
५											
६											
७											
८											
९											
१०											
११											
१२											
१३											
१४											
१५											
१६											
१७											
१८											
१९											
२०											
२१											
२२											
२३											
२४											
२५											
२६											
२७											
२८											
२९											
३०											
३१											
३२											
३३											
३४											
३५											
३६											
३७											

टिप्पणियाँ

www.ingramcontent.com/pod-product-compliance
Lightning Source LLC
Chambersburg PA
CBHW081711100526
44590CB00022B/3732